AF296004

BABOLARD

OU

LE DRAMATURGE DANS SON MÉNAGE,

COMÉDIE VAUDEVILLE EN 1 ACTE,

Par M. DUCHATELARD,

Représentée pour la première fois, à Paris, sur le Théâtre du Gymnase,

le 9 Juin 1846.

PRIX : 50 CENTIMES.

DUVERNOIS, Éditeur, Quai de l'École, 28 ;

TRESSE, successeur de BARBA, Libraire, Palais-Royal, Grande Cour.

1846.

BABOLARD,

OU

LE DRAMATURGE DANS SON MÉNAGE,

COMÉDIE-VAUDEVILLE EN UN ACTE,

PAR M. DUCHATELARD,

Représentée pour la première fois, à Paris, sur le théâtre du Gymnase,
le 9 juin 1846.

Personnages.		*Acteurs.*
BABOLARD, dramaturge..		M. Numa.
VERDIER, son ami, l'un des fondateurs du journal le *Belphégor*......		M. Klein.
THÉODORE, clerc de notaire, amoureux de Claire.....................		M. Pastelot.
BAPTISTE, domestique de Babolard.................................		M. Sylvestre.
Mme BABOLARD..		Mme Lambquin.
CLAIRE, sa nièce...		M. Koehler.

La Scène se passe à Paris, chez Babolard.

S'adresser pour la musique et la mise en scène de cette pièce et des ouvrages représentés sur le théâtre du Gymnase, à M. Heisser, copiste et bibliothécaire audit théâtre.

Une pièce servant à Babolard de cabinet de travail. Porte principale au fond. A la droite de cette porte, aussi au fond, une cheminée; à la gauche, encore au fond, une porte plus petite. A gauche, la porte du salon; à droite, au premier plan, la porte d'un cabinet, et, au deuxième plan, celle de la chambre de Claire. A gauche, sur le devant de la scène, une table chargée de manuscrits, avec ce qu'il faut pour écrire. A droite, une chiffonnière. Des siéges.

SCÈNE I.

BABOLARD, Mme BABOLARD, l'un à gauche, occupé à écrire; l'autre, à droite, assise devant une chiffonnière et travaillant à un ouvrage d'aiguille.

BABOLARD, il lit et regarde sa femme par intervalle. « Je t'avais ramassée à terre pour t'élever » jusqu'à moi... de mon amour, je t'avais fait » une blanche couronne.. Mon nom.. je te l'avais » donné pur et sans tache... qu'en as-tu fait?.. » Dis! qu'en as-tu fait?.. Oh! vainement tu te » tords à mes pieds... vainement, d'une voix » que l'effroi rend suppliante, tu t'écries : » Grâce! grâce! pitié!... Non! point de pitié! » non! point de grâce! Meurs! meurs!.. »

(Il la regarde),

Mme BABOLARD, à part. Pauvre Babolard! il se donne pourtant un mal horrible pour trouver toutes ces belles choses-là...

BABOLARD, à part. Elle n'a pas sourcillé... criminel endurcissement!

Mme BABOLARD. Vous avez fini, M. Babolard?

BABOLARD, Fini?.. je n'ai pas commencé...

Mme BABOLARD. Tant pis! vous vous reposeriez peut-être... (Elle se lève.) Car entre nous... voyons, dites-moi à quoi vous sert d'entasser ainsi drame sur drame, puisque vous ne pouvez parvenir à en faire représenter un seul!

BABOLARD. J'y parviendrai, Madame... plus tard... avec le temps... et c'est dans cette confiance que j'amasse, que je thésaurise...

Mme BABOLARD. Quant à moi, je ne vous le cache pas, je soupire ardemment après le jour où vous renoncerez au drame...

BABOLARD, avec intention. Oui, je crois que vous avez plus de goût pour la comédie...

Mme BABOLARD. C'est ce que j'allais vous dire... faites plutôt des comédies.

BABOLARD, se levant. Non, Madame, non... ma vocation est pour le drame, et je m'y tiens !

Ars : Non, ma Nièce, vous n'aimez pas. (Ma Tante Aurore.)

Oh ! c'est un plaisir pour mon âme
De fouiller dans les profondeurs
Que nous ouvre l'antre du drame
Et d'en extraire des horreurs!
Aussi, je sais, de main de maître,
Peindre l'adultère effronté,
L'assassin, le bourreau, le traître
Et le séducteur éhonté...
En un mot le ciel me fit naître
Pour peindre la société.
Oui, sur terre, je fus jeté,
Pour peindre la société,
   Dans sa vérité,
   Dans sa nudité !

Mme BABOLARD. Voilà, vous en conviendrez, quelque peu d'exagération... et vous devriez enfin reconnaître que l'habitude de broyer sans cesse du noir, influe réellement sur votre humeur... Déjà, Claire, votre nièce ne vous aborde qu'en tremblant, et elle regrette de plus en plus Lisieux, que vous avez absolument voulu nous faire quitter...

BABOLARD. Il fallait rester à Lisieux, n'est-ce pas?.. m'enfouir moi et mes œuvres, dans une localité perdue, où l'on ne respire d'autre air que celui du cidre et de la cotonnade?.. non pas! je me suis senti des ailes, et j'ai pris mon vol !.. Pour ce qui est de votre nièce, ce départ n'était pas moins urgent, grâce aux téméraires assiduités d'un M. Théodore, que je n'ai pas l'honneur de connaître, Dieu merci ! mais dont on m'a suffisamment parlé... Un homme sans talent d'aucune sorte... sans nom !..

Mme BABOLARD. Premier clerc dans la meilleure étude du pays...

BABOLARD. C'est cela !.. ma nièce... la nièce d'un dramaturge prochainement célèbre, prendre un mari dans la bazoche... la bazoche ! ah ! Dieu ! D'ailleurs, j'ai pour elle un autre parti en vue... un auteur dramaturge dans mon genre... une célébrité aussi...

Mme BABOLARD. Ce pauvre Théodore !..

BABOLARD. Vous le plaignez, ce pauvre Théodore?.. c'est si naturel !.. les jeunes gens, on s'intéresse à eux, tandis que les hommes mûrs...

Mme BABOLARD. Que voulez-vous dire ?..

BABOLARD. Que vous pourriez professer un peu moins de sympathie pour de jeunes évaporés, que je ne connais pas, et un peu plus pour les personnes que j'estime... Ce digne Verdier, par exemple... mon ami... un véritable ami, celui-là !

Mme BABOLARD. Ah ! ah ! ce vieux garçon? (A part.) Un vieux fat !

BABOLARD. Vieux ! voilà votre grief !

Mme BABOLARD. Dites-lui de se marier, et je

recevrai sa femme très volontiers... Mais en vérité, mon ami, je ne conçois pas que vous, qui êtes un homme d'esprit... car vous en avez, au fond...

BABOLARD, avec dédain. De l'esprit !...

Mme BABOLARD. Du talent, si vous voulez....

BABOLARD. Il me semble que quand vous diriez du génie...

Mme BABOLARD. Soit ! je ne conçois pas, vous disais-je, que vous ayez pu vous lier d'amitié avec un M. Verdier.

BABOLARD. C'est que vous ne voulez rien comprendre, pas même que Verdier est l'un des principaux fondateurs du *Belphégor*, cette feuille encore naissante et déjà si prodigieusement remarquable, où il ne se lasse pas de préconiser mes drames inédits, d'exalter mon nom qui brûle de tout envahir... (A part.) Il est temps de songer à l'exécution de mon projet !.. (Haut.) Je vais sortir... quelques acquisitions à faire pour mon voyage...

Mme BABOLARD. Vous tenez donc toujours à partir ce soir ? par un froid aussi vif !..

BABOLARD. J'y tiens... plus que jamais.

Mme BABOLARD. Mais quel intérêt si pressant vous appelle dans le département du Loiret?

BABOLARD. L'intérêt de mon drame... d'un nouveau drame que je médite.

Mme BABOLARD, se récriant. De sorte que vous allez encore écrire un drame?

BABOLARD. Je vais *faire* un drame... (A part.) Ne nous trahissons pas ! (Haut.) et comme la scène se passe aux environs de Montargis, il m'importe d'aller prendre la nature sur le fait... la fidélité historique le veut, et la couleur locale l'exige... Oh ! la couleur locale !.. la plus belle des couleurs, celle-là... magnifique... pas chère ! (Avec une feinte amitié.) Allons, ma bonne amie, à tantôt...

    (Il remonte la scène.)

Mme BABOLARD. Eh bien ! et votre chapeau? que devient donc votre tête ?

    (Elle va le lui porter.)

BABOLARD, à part. Elle ose me le demander ! (Haut, et prenant son chapeau.) Je vous remercie!

    (Il sort par le fond.)

SCÈNE II.

Mme BABOLARD, puis, CLAIRE.

Mme BABOLARD. Sa malheureuse manie lui fera perdre l'esprit ! et sa nièce, cette pauvre enfant....

CLAIRE, entrant par la droite. Ah ! vous voilà, ma tante... avez-vous enfin reçu des nouvelles?

Mme BABOLARD. quelles nouvelles !

CLAIRE. Vous savez bien, de Théodore...

Mme BABOLARD. Théodore... ne t'ai-je pas

dit qu'il n'y fallait plus penser, ma pauvre Claire?.. M. Babolard ne veut pas en entendre parler.

CLAIRE. Mais je l'aime, ma tante!

Mᵐᵉ BABOLARD. Il ne l'ignore pas... et, malgré cela, il veut te marier à un autre... à un écrivain renommé! un faiseur de drames, je crois...

CLAIRE. Pour que j'aie peur de mon mari, comme j'ai peur quelquefois de mon oncle? Oh! non, ma tante, je ne veux pas!

Air : Ses yeux disaient tout le contraire.

Le front soucieux, l'œil hagard,
Je crois le voir, il m'épouvante!
De lui jamais un doux regard,
Une parole consolante...
Ne faisant, du matin au soir,
Que blasphêmer, tuer, maudire,
Un tel homme ne doit savoir
Ni nous aimer, ni nous le dire.

Enfin, ma tante, c'est Théodore que j'aime, et je mourrai, si...

Mᵐᵉ BABOLARD. Allons, vas-tu faire du drame aussi, toi?.. Voyons, ne te désole pas encore, enfant! qui sait? peut-être parviendrons-nous à le faire changer d'avis...

CLAIRE, vivement. Vous croyez... Oh! ma tante! ma petite tante, que vous êtes donc bonne! On voit bien que vous connaissez Théodore, vous! Aussi, pourquoi n'est-il pas venu à Paris? Je suis bien sûre que si mon oncle le voyait il ferait comme vous... et comme moi... il l'aimerait!

Mᵐᵉ BABOLARD, à part. Si elle savait ce que je veux faire pour elle... (Haut.) En attendant, tu sais que M. Babolard se met en route ce soir... Va dire à Fanchette de préparer ses effets de voyage.

CLAIRE. J'y vais... (Fausse sortie.) * Oh! mais, dites-donc, ma tante... je vous en prie, tâchez d'être bien bonne, bien complaisante avec lui.. vous savez... pour le faire consentir... Quand vous en trouverez l'occasion...

Mᵐᵉ BABOLARD. Va donc, petite folle.

CLAIRE.

Air : Valse de Giselle.

Répétez-lui qu'on trouve en Théodore,
Talent, bon cœur, grâce, amabilité,
Franchise, esprit... puis, ajoutez encore,
Et le portrait ne sera pas flatté.

Mᵐᵉ BABOLARD.

L'éloge est long !... ma mémoire indocile,
Peut-être bien n'ira pas jusqu'au bout...

CLAIRE.

Dites alors, ce sera plus facile,
Qu'il est aimé... ce mot-là dira tout !

ENSEMBLE.

Répétez-lui qu'on trouve, etc.

Mᵐᵉ BABOLARD.

Je lui dirai qu'on trouve en Théodore
Talent, bon cœur, grâce, amabilité.
Franchise, esprit... mais, mon enfant, j'ignore
Si du portrait il sera bien flatté.

(Claire sort par la gauche.)

SCÈNE III.

Mᵐᵉ BABOLARD, puis THÉODORE.

Mᵐᵉ BABOLARD. La voilà un peu rassurée; pourvu que son espoir... (Tirant une lettre de sa ceinture.) Et cette lettre à laquelle je n'ai pas encore eu le temps de répondre...

THÉODORE, de la porte du fond et avec mystère. Madame!

Mᵐᵉ BABOLARD, à part. Quelqu'un! (Elle jette vivement la lettre sur la chiffonnière. (Haut.) Vous ici, imprudent?

THÉODORE. J'ai vu sortir votre mari; et, après m'être assuré qu'il s'éloignait, je suis accouru près de vous... Vous avez reçu ma lettre?

Mᵐᵉ BABOLARD. Oui... mais cela n'a pas de raison! Si quelqu'un, si ma nièce venait à vous apercevoir... Allez-vous-en! partez!

THÉODORE. J'aurais tant de choses à vous dire!

Mᵐᵉ BABOLARD. Voulez-vous donc qu'on nous surprenne? Hier, déjà, votre présence a été remarquée par un domestique... et pourtant, vous savez si nous avons des précautions à prendre!

THÉODORE. Eh bien! à ce soir?

Mᵐᵉ BABOLARD. Oui, ce soir... Mais, de grâce, partez!

VERDIER, à la porte du fond, et à part. Un jeune homme!

THÉODORE. J'obéis. (Il lui baise la main.)

VERDIER, à part. Ciel! que vois-je?

THÉODORE. A tantôt donc! mon bonheur est dans vos mains.

(Verdier disparaît pour laisser passer Théodore.)

SCÈNE IV.

Mᵐᵉ BABOLARD, VERDIER.

Enfin, le voilà parti... J'étais d'une inquiétude!

VERDIER, entrant et à part. Son bonheur est dans ses mains... et il vient de baiser le dépositaire de son bonheur... (Avec colère.) Un jeune homme!... (Haut.) Vous êtes seule, madame?... J'en suis ravi...

Mᵐᵉ BABOLARD. Ah! c'est vous, monsieur Verdier?... Et pourquoi donc êtes-vous ravi de me trouver seule?

* Claire, Mᵐᵉ Babolard.

VERDIER. Pourquoi?... (A part.) Prenons un biais ingénieux... Je plais, j'en suis sûr, mais je veux tenter une épreuve décisive... (Haut.) C'est que je serais bien aise, madame, d'avoir votre avis sur l'un des actes les plus importans de la vie d'un homme...

Mme BABOLARD. Et c'est à moi que vous vous adressez pour cela? Il me semble qu'à votre âge on doit pouvoir compter sur sa propre expérience...

VERDIER, à part. A mon âge..... la coquette !

Mme BABOLARD. Ne pensez-vous pas, d'ailleurs qu'il eût été plus naturel de consulter une autre personne... mon mari, par exemple?

VERDIER. Sans doute... mais les maris sont presque toujours aveugles.

Mme BABOLARD. Comment ?

VERDIER. Aveugles... ou prévenus, en matière de mariage... Or, comme c'est d'un mariage qu'il s'agit présentement... (A part.) Voyons si cela lui fera de l'effet !

Mme BABOLARD. Un mariage?... Pour vous, peut-être !

VERDIER, à part. Elle change de couleur. (Haut.) Vous l'avez dit; oui, pour moi.

Mme BABOLARD, riant. Ha! ha! ha!... En vérité!... Ha! ha! ha !

VERDIER*, à part. Ces rires indécens... (Haut.) Puis-je savoir, au moins, madame?...

Mme BABOLARD. Mais, certainement, monsieur Verdier, Je ris... vous ne le croiriez jamais... je ris, parce que précisément, tout à l'heure, j'engageais M. Babolard à vous donner le conseil de vous marier.

VERDIER, à part. Se pourrait-il. (Haut.) Ah ! vous l'engagiez à me donner ce conseil... afin de m'éloigner, sans doute?...

Mme BABOLARD. Au contraire; afin que vos visites fussent davantage justifiées.

VERDIER. Ce qui signifierait que vous les trouvez inopportunes?

Mme BABOLARD. Je suis loin de dire cela... Mais il y a toujours, dans la position de vieux garçon, quelque chose d'un peu équivoque...

VERDIER, à part. Vieux garçon... Elle n'en démordra pas! (Madame Babolard va s'asseoir devant la chiffonnière, et prend son ouvrage.) C'est égal, de la persévérance! le succès est à ce prix. (Haut, et s'approchant.) A vous parler sans fard, plus d'une fois je me suis surpris à regretter les joies intimes du ménage; mais la crainte de n'être pas aussi heureux que certains de mes amis... (Il la regarde.) Car, enfin, que d'époux mal assortis !

Mme BABOLARD. Ah !

VERDIER, à part. J'ai touché la corde. (Haut.) Vous soupirez ?... J'ai compris !

Mme BABOLARD. Compris... quoi donc ?

VERDIER. Oui, vous êtes jeune, madame...

* Verdier, Mme Babolard.

Mme BABOLARD. Oh ! jeune...

VERDIER. Vous êtes belle!... Les amours et les grâces, les jeux et les ris ne demandent qu'à voltiger sur vos traces... et Babolard, malgré ses nombreuses qualités, n'était pas l'homme qu'il vous fallait.

Mme BABOLARD. Vous croyez ?

VERDIER. Babolard est mon ami, j'admire son beau talent, et je suis prêt à faire célébrer ses triomphes... quand il en aura... mais, conjugalement parlant, qu'est-ce que Babolard, je vous le demande?

Mme BABOLARD. Mais c'est un excellent homme !

VERDIER. Je ne voudrais point briser le prisme de vos pieuses illusions... Pour moi, ce n'est qu'un songe-creux... toujours dans les nuages !...

Mme BABOLARD. Il faut lui passer ce travers... nous avons tous les nôtres, monsieur Verdier.

VERDIER. Sans doute... mais, chez lui, ce travers a pris toutes les proportions d'un effroyable ridicule. (Il s'assied près d'elle.) Aussi, en attendant que toute la presse s'en amuse (Tirant un journal de sa poche.) voici le *Belphégor*... ce journal éminemment moral et social, dont je suis le créateur, j'ose le dire... du moins par les capitaux que j'ai versés dans l'entreprise... qui n'a pu s'empêcher de céder au cri de sa conscience... (A part.) C'est moi qui ai commandé l'article... (Haut.) Ecoutez le cri de la conscience du *Belphégor*. (Lisant.) «Il a été » perdu, sur toute la longueur du Boulevard du » Crime, on ne sait au juste quelle pacotille de » drames indigestes, appartenant à un auteur » provincial et fort intéressant, le sieur B....» (Cessant de lire.) La première lettre de son nom seulement... Mais, hélas! tout le monde voit bien que c'est de Babolard qu'il s'agit. (Lisant.) « Ces précieux ouvrages, que tous les théâtres » s'obstinent à repousser avec perte, et que le » public repousserait avec pertes plus grandes » encore, vaudront, à quiconque les rapportera » audit sieur B..., une récompense égale à leur » valeur.» (*Nota.*) «On craint qu'elle ne soit pas » forte. » (Mouvement de madame Babolard pour se lever ; il la retient.) *Post-Scriptum.* « Si l'on » pouvait lui faire retrouver, en même temps, » le sentiment des soins et des égards qu'il doit » à la compagne de sa vie, femme charmante » et si digne d'un meilleur sort, à coup sûr, on » aurait droit à la plus belle des récompenses.» Voilà, madame, voilà ce qui s'imprime. (Il se lève.)

Mme BABOLARD, se levant. C'est fort curieux, en effet... Et vous vous êtes chargé de ma défense ?

VERDIER. Ah! c'est qu'une pauvre femme, ainsi méconnue, ainsi négligée, est forcée de se choisir un ami dévoué, fidèle, discret... qui l'aide à supporter le fardeau de ses peines...... (Soupirant.) Ah! que ne suis-je cet ami !...

Mme BABOLARD, riant. Vous, monsieur Verdier ?... Ha! ha! ha !

Air vaudeville de l'Anonyme.

De l'intérêt que votre cœur me porte,
Permettez-moi de vous remercier ;
Heureusement, je me sens assez forte,
Pour supporter mon fardeau tout entier.
Telle est, d'ailleurs, votre sollicitude,
Votre bonté, qu'en vérité, je crains
De vous payer de trop d'ingratitude,
En vous faisant partager mes chagrins.

VERDIER, à part. Serait-ce son dernier mot ? (Haut.) De sorte, Madame, que vous refusez mes services désintéressés ?...

Mme BABOLARD. Ces services.... prenez-y garde ! il ne faut pas en être trop prodigue..... Une autre personne les réclamera bientôt, et votre prochain mariage vous permettra de les utiliser au profit de votre propre bonheur... Sans adieu, monsieur Verdier.

(Elle sort à gauche, en riant.)

SCÈNE V.

VERDIER.

Ah ! voilà comme on me reçoit ! On me raille, on me persiffle... La coquette ! une femme d'un âge déjà respectable... car, malgré ses funestes appas, elle frise son automne... se faire courtiser par un jeune homme ! Et ce pauvre Babolard, qui y va de confiance, qui ne se doute de rien... Oh ! il ne sera pas dit que je l'aurai laissé tromper avec tant d'impudence ! je connaîtrai bientôt leurs criminelles intrigues, et alors...

Air

De la vertu triste interrègne !
Cette femme, aux regards si doux,
Ne me fuit et ne me dédaigne
Que pour mieux tromper son époux.
Quel siècle immoral que le nôtre !
Donnons l'éveil !... car je ne peux
Souffrir un acte scandaleux
Dont les profits sont pour un autre.

(Apercevant Baptiste.)

Baptiste !... Il faut que je le fasse jaser.

SCÈNE VI.

VERDIER, BAPTISTE.

BAPTISTE, déposant à terre une valise. Il peut partir quand il voudra, voilà sa valise.

VERDIER. Ah ! c'est toi, Baptiste.... bonjour, mon ami.

BAPTISTE*. Bonjour, monsieur Verdier.

VERDIER. Comment se porte Babolard, aujourd'hui ?

---

* Baptiste, Verdier.

BAPTISTE. Monsieur Babolard ? Vous êtes bien bon... Je ne sais pas.

VERDIER. Dis-moi, Baptiste... tu l'aimes bien, ton maître ?

BAPTISTE, avec feu. Si j'aime monsieur Babolard ! moi, si je l'aime ! (Avec indifférence.) Mais oui.

VERDIER. Tu lui es dévoué ? tu te mettrais au feu pour lui ?

BAPTISTE. Au feu ?... Dame, si je ne pouvais pas faire autrement...

VERDIER. C'est un maître comme on en voit si peu, celui-là ! La douceur, la bonté même....

BAPTISTE. Pour ce qui est de ça, c'est bie^u vrai !

Air : On dit que je suis sans malice.

Je n' lui vois ni défauts, ni vices ;
Il a bien quéqu's petits caprices :
Il est bougon, criard, bourru,
Défiant, brutal et têtu ;
Même, un peu trop fort quand on l'tanne,
Il vous poursuit à grandissim's coups d'canne...
A ça près, j'conviens avec vous,
Qu'il n'est guèr' possibl' d'êtr' plus doux.

(Il remonte la scène.)

VERDIER, à part. Flattons ce maraud. (Haut.) Baptiste ?

BAPTISTE*. Monsieur Verdier ?

VERDIER. Tu es ce qu'on appelle un homme de confiance... On peut tout te dire, à toi, Baptiste...

BAPTISTE. On le peut... si on veut.

VERDIER. C'est qu'il y a des choses si délicates !

BAPTISTE. Y en a pas mal tout de même.

VERDIER. Ce bon Babolard ! la perle des hommes... (Soupirant.) Ah ! mon pauvre Baptiste.

BAPTISTE, Soupirant. Ah ! mon pauvre monsieur Verdier !

VERDIER, à part. Le faquin ! (Haut.) Sais-tu bien que voilà de ces spectacles qui vous fendent le cœur !

BAPTISTE. Totalement..... comme avec un' hache,

VERDIER. Car, de toi à moi, ce jeune homme qui vient ici à la dérobée... en l'absence de ton maître... tu conviendras que ce serait épouvantable !

BAPTISTE. Hé ! oui, à la fin ! Qu'est-ce qu'il vient faire ici, ce jeune homme ? qu'est-ce qu'il est encore venu faire hier au soir, aussitôt que Monsieur a été sorti ? Ça m'offusque, moi.

VERDIER, à part. Il paraît décidément que c'est tous les soirs... (Haut.) Et madame Babolard, sait-elle que tu as surpris ce jeune misérable ?

BAPTISTE. Pardine ! je venais d'entrer au mo-

---

* Verdier, Baptiste.

ment où elle le reconduisait bien gentiment jusqu'à la porte.

VERDIER. Comme elle a dû être confuse, en te voyant ! Elle aura cherché à te lier la langue, bien sûr ?...

BAPTISTE, le regardant. Ma langue ?.... Non, je ne crois pas... Du moins, je ne m'en suis pas aperçu.

VERDIER, à part. Je sais ce que je voulais savoir... (Haut.) Tu sens, Baptiste, que tout ce que nous venons de dire doit mourir entre nous ! ça ne regarde personne...

BAPTISTE. C'est juste ! ça ne regarde que nous deux. (Apercevant Babolard.) Voilà M. Babolard ! (Tous deux s'éloignent ; Baptiste au fond, Verdier à droite.)

SCÈNE VII.
BABOLARD, BAPTISTE, VERDIER.

BABOLARD, sans les voir. Il entre les bras croisés et son chapeau sur les yeux. Quand une femme, au lieu de marquer le chemin de la vie, par des touffes odorantes de vertus casanières, n'y plante que l'aride jalon du crime. (Verdier s'approche peu à peu.) Quand la chaste expression d'un front pudique a fait place à ce masque d'enjouement factice, que la main du vice semble y avoir stéréotypé ; quand, se jouant du plus saint des devoirs, elle s'élance, les yeux fermés, dans l'affreux dédale de la perversité, oh ! alors... (En gesticulant, il atteint Verdier.) Ah ! te voilà, Verdier...

VERDIER. Oui, mon ami ! (Lui serrant la main d'un air significatif.) Oui, mon ami !

BABOLARD. Qu'as-tu donc ?

VERDIER. J'ai à te parler... (Bas.) Fais éloigner ta valetaille.

BAPTISTE, prenant une brosse qu'il fait semblant de promener sur un fauteuil, et à part. Il a à lui parler... Bon ! je vais savoir...

BABOLARD. Baptiste... allez-vous-en.

BAPTISTE. Mais... c'est que... je n'ai pas encore fini de ranger. (Il redouble de zèle.)

BABOLARD. Vous rangerez plus tard.

BAPTISTE. Je n'en ai plus que pour une petite heure...

BABOLARD, le menaçant de sa canne. T'en iras-tu ?

BAPTISTE. C'est bon ! on s'en va... (A part.) La douceur même, quoi !... (Le regardant.) Toi, je ne te conseille pas d'être jamais mon domestique !

(Il sort par le fond.)

SCÈNE VIII.
BABOLARD, VERDIER.

VERDIER. Babolard, tu sais si je t'aime !...

BABOLARD. Oui, Verdier ; et moi aussi, je t'aime... J'ai du plaisir à te voir ; ton visage, je ne sais pourquoi, a pour moi quelque chose de singulièrement attractif ; et, quand je suis las de planer dans des hauteurs inaccessibles à la tourbe, je me complais à redescendre près de toi... Tu me sers de délassement, de distraction, de récréation.

VERDIER. Tu sais aussi si j'admire tes beaux et grands drames !...

BABOLARD. C'est une justice à te rendre ; tu les admires, comme si tu les comprenais... plus que si tu les comprenais, peut-être... et je t'en remercie.

VERDIER. Eh ! comment en serait-il autrement Tu as une plume si rare ! et c'est une si belle littérature que le drame !

BABOLARD. Il appelle ça une littérature !... Dis donc que c'est la poétique des passions, l'épopée du cœur, la quintessence de la psychologie en action, la rose bleue de l'horticulture intellectuelle, l'apogée du génie humain !... le grand œuvre enfin, l'œuvre unique !... Car, mon ami, qu'est-ce que le drame ? Tout ! Qu'est-ce que tout le reste ? Rien !

VERDIER. Le fait est que le drame... et surtout ta manière de le traiter...

BABOLARD. Oui, pas un vieillard, pas un jeune homme, pas une femme, une mère, une épouse, une jeune vierge, qui, à mon aspect, ne doive un jour s'écrier avec reconnaissance : « Dieu ! que cet homme-là m'a donc fait de mal !... Que de coups déchirans il m'a portés ! que de larmes, que de sanglots, il m'a impitoyablement arrachés ! » Ce n'est pas pour en tirer vanité, Verdier... mais, si l'on me seconde un peu, la génération actuelle me devra de bien douces horreurs !

VERDIER. A qui le dis-tu ?... Et c'est quand je pense à tout ce que tu fais pour la société et pour ton nom, que je ne puis m'empêcher de dire : Pourquoi faut-il qu'un tel homme ne soit pas heureux !

BABOLARD. Moi ?... mais je suis heureux....

VERDIER. Du côté de la gloire... Oh ! oui ! Du côté de l'amitié... Oh ! oui ! (Lui prenant la main) Mais d'un autre côté...

BABOLARD, à part. Se serait-il aperçu ?..... (Haut) D'un autre côté ?...

VERDIER. Hélas ! on aime sa femme, on a la bonhomie de se croire payé de retour... et l'on est...

BABOLARD. On est ?...

VERDIER. On est... dans l'erreur.

BABOLARD. Je me flatte, Verdier, que tu ne fais aucune allusion...

VERDIER. Plût au ciel ! pauvre ami !...

BABOLARD. J'aime ma femme... elle m'aime aussi... J'ai confiance en elle...

VERDIER. Non, Babolard... non, tu n'as pas confiance !

BABOLARD. La preuve, c'est que je m'absente aujourd'hui même.

VERDIER, vivement. Tu t'absentes?.... (se remettant) Mais pas pour longtemps?...

BABOLARD. Pour huit jours.

VERDIER. Huit jours !

BABOLARD. Tout autant.

VERDIER, à part. Changeons de tactique!...

BABOLARD. Tu vois bien que j'ai confiance... et je ne sais pas pourquoi tu me disais tout à l'heure...

VERDIER. Au demeurant, Babolard. mon amitié m'avait peut-être créé des fantômes... et puisque tu n'as aucun sujet d'alarme...

BABOLARD. Aucun !

VERDIER. Prends que je n'ai rien dit... Mais, j'y songe ! tu dois avoir des préparatifs à faire... Je te laisse, mon ami.

AIR: Vaudeville d'une visite à Bedlam.

Bon voyage ! En attendant
Ton retour, prochain sans doute,
Puisse le ciel, dans ta route,
Te préserver d'accident !
De la crainte et du soupçon,
Sur ton front dissipe l'ombre...

BABOLARD (soucieux.)

Moi ? loin d'avoir l'humeur sombre,
Je suis gai comme un pinson...

ENSEMBLE.

Au revoir! En attendant
Mon retour, prochain sans doute,
Puisse le ciel, dans ma route,
Me préserver d'accident !

VERDIER.

Bon voyage ! En attendant, etc.

SCÈNE IX.

BABOLARD. Un instant, j'ai tremblé qu'il n'eût percé l'abominable arcane ! Heureusement, il ne sait rien... Triste condition de l'homme ! Malheureux en se taisant, il le devient encore plus s'il parle !..... Une femme.... la mienne!..... n'être pas retenue sur la pente du déréglement, par la seule considération que c'est à un homme de génie qu'elle va faire injure !..... Ne pas craindre de me rendre la risée de son complice et la fable du monde entier !... Moi! me traiter comme le premier venu !... Moi! moi!... Oh!... Car, je l'ai vu, quelqu'un s'est introduit ici furtivement.. Ce quelqu'un, je l'ai vu sortir, après une pause... trop longue !... et avec le même mystère... Et, en repassant dans ma mémoire tous mes drames: mes *Trois Gouffres du crime*..., mon *José Carraguès, ou un cœur bourrelé*... mon *Obéliska, ou les tortures d'une épouse adultère*..,sujet russe... et surtout mon dernier chef-d'œuvre : *Amour et Strangulation*... je le dis hautement, ma femme doit me tromper... elle me trompe ! (s'attendrissant) Hélas ! cœur trop confiant que j'étais !... je m'étais flatté que le wagon de nos deux existences glisserait, doux et rapide, sur les rails fleuris du bonheur domestique, jusqu'au jour où, emparadisés dans les bras l'un de l'autre, nous eussions atteint sans secousse, la station définitive du grand débarcadère, au-delà duquel il n'y a plus que le néant... Je t'en souhaite!... (Baisser la rampe graduellement.) Au lieu de cela, la voici, elle... cette femme!... qui me jette l'opprobre à la face, et me fait perdre mon beau ciel étoilé ! J'ai perdu mon beau ciel étoilé !... Mais c'est affreux, cela ! Oh! n'est-ce pas que c'est affreux! (Il se prend une poignée de cheveux.) Et pourtant elle brode... (Portant les yeux sur la chiffonnière et retournant les objets qui sont dessus.) Voilà son ouvrage, voilà du feston, voilà... voilà... (Il y saisit un papier.) Qu'est-ce que cela ? Un billet?... pas d'adresse ! (Il l'ouvre.) pas de signature !... Encore un chiffre à ajouter au total de ses méfaits ! (Lisant) « Madame, il faut que je vous » voie... il y va de mon bonheur, et vos bontés » passées me donnent l'assurance que vous » ne me refuserez pas... Indiquez-moi donc » l'heure à laquelle je pourrai vous trouver » seule... mais de grâce ! ne me faites pas trop » attendre la réponse, ou j'irai moi-même la » chercher... « (Froissant la lettre.) En est-ce assez?... en est-ce assez!... On vient... Remettons-nous!...

SCÈNE X.

BABOLARD , Mme BABOLARD, BAPTISTE *, portant un flambeau, qu'il va déposer sur la table. (Lever de la rampe.)

Mme BABOLARD. Ah! vous êtes de retour, cher ami?

BABOLARD, cherchant à paraître calme. Oui , je suis de retour... (A part, avec rage.) Cher ami !..

Mme BABOLARD. Qu'est-ce donc? Vous paraissez soucieux...

BABOLARD. Oh! rien... l'idée de notre séparation...

Mme BABOLARD. Vous attriste ?... et moi aussi. Mais ce n'est pas la première fois qu'il vous arrive de vous absenter.

BABOLARD. Et vous vous y faites facilement?.. Peut-être quelques distractions puissantes...

Mme BABOLARD, riant. Ha ! ha ! ha ! Des distractions... et des distractions puissantes encore! Mais à qui donc en serais-je redevable ? à votre excellent ami..., à M. Verdier, sans doute ?

BAPTISTE, à part. Comme elle cherche à l'abrutir !

* Baptiste, Babolard, Mme Babolard.

BABOLARD. Non pas Verdier, Madame !.. (à part.) J'ai failli me trahir...

Mᵐᵉ BABOLARD. Mais alors, à qui donc supposez-vous l'heureux pouvoir de me faire oublier votre absence? (Elle rit.)

BABOLARD, à part. Horreur !.. elle ose rire!

Mᵐᵉ BABOLARD.

Air : Quel art plus noble et plus sublime.

Des maris, aimable modèle,
Quittez cet air triste, abattu !
Ai-je cessé d'être fidèle?
Douteriez-vous de ma vertu ?..

BABOLARD.

Non... et tout haut je le confesse;
Je sais, depuis long-temps déjà,
Que vous êtes une Lucrèce...

(A part.)

Une Lucrèce Borgia !

SCÈNE XI.

LES MÊMES, CLAIRE, apportant divers objets de voyage *.

CLAIRE. Mon oncle, voilà tout ce qu'il vous faut.

BABOLARD, à part et sans l'entendre. J'ai dit le mot !

Mᵐᵉ BABOLARD. Votre nièce vous parle.

BABOLARD, à Claire. C'est toi, mon enfant? Dépose tout cela sur cette table...* Chère enfant!.. Viens, oh ! viens, que je te regarde !

CLAIRE, reculant. Pourquoi donc ?

BABOLARD, s'approchant et la regardant fixement. Oui... la paix du cœur est peinte sur tes traits, à toi! Ton âme est pure et sans tache, à toi! Ton passé est un ruisseau frais et limpide, dans lequel tu peux te mirer, toi!

CLAIRE, à part. Est-ce que ma tante lui aurait parlé en faveur de Théodore?

BABOLARD, la regardant toujours. Comme l'œil se repose avec délices sur l'ovale gracieux d'un jeune visage, où respire l'innocence dans toute sa sérénité!..

Mᵐᵉ BABOLARD, à part. Qu'a-t-il donc à rester ainsi en contemplation devant sa nièce?

CLAIRE, à Babolard, timidement. Vous m'aimez donc bien, mon bon oncle?

BABOLARD, lui prenant affectueusement la main. Si je t'aime, suave et tendre fleur ! si je t'aime? Me crois-tu donc un tigre, un léopard? Parce que je fais des drames?... Eh ! mon Dieu! se rouler dans le sang et se repaître de vertus patriarchales, voilà le drame; passer des horreurs d'une agitation fiévreuse aux épanchemens d'une sensibilité douce, voilà le dramaturge... Et tu demandes si je t'aime !

CLAIRE. Alors, vous voulez mon bonheur?

BABOLARD. Mais c'est le rêve de toute ma vie !

CLAIRE, avec joie. Vrai! vous consentez à mon mariage avec Théodore?

BABOLARD, lui lâchant brusquement la main. Qui est-ce qui te parle de ça, petite sotte? Où sont mes effets de voyage?

Mᵐᵉ BABOLARD. Les voici. Mais vous allez prendre quelque chose, avant de partir...

BABOLARD. Non, je n'ai pas faim, je n'ai pas soif... C'est-à-dire, si, j'ai soif... (A Baptiste, qui est à sa gauche, et en le repoussant.) Retire-toi, j'ai un à parté. (A part.) Soif de vengeance ! (Haut.) Maintenant, je pars.

Mᵐᵉ BABOLARD. Déjà?

BABOLARD, à part. Elle dit : « Déjà? » et une joie satanique flamboie dans sa prunelle phosphorescente!.. (A Baptiste.) Ma valise est prête?

BAPTISTE, prenant la valise. Elle est fatiguée de vous attendre. Faut-il que je la porte?

BABOLARD, brusquement. Non; donne. (Il la prend.)

Mᵐᵉ BABOLARD*, lui apportant son manteau. Voilà votre manteau. (Elle l'aide à se couvrir.) La nuit sera froide, enveloppez-vous bien !

BABOLARD, à part. A ce luxe d'attentions, qu'on reconnaît bien la femme qui trompe son mari !

Mᵐᵉ BABOLARD. Quoi encore? Ah ! votre bonnet ! (A Claire.) Claire, le bonnet de ton oncle...

CLAIRE, le prenant sur la table. Le voici, ma tante.

Mᵐᵉ BABOLARD, le présentant à son mari. Tenez; vous avez la tête un peu sensible, faites en sorte de vous la garantir.

BABOLARD, à part. Quel outrageant sarcasme ! Dévorons-le encore... (Haut.) Oui, j'espère la garantir, ma tête... (A part.) Ultérieurement, du moins! (Haut.) Adieu! (Fausse sortie.)

Mᵐᵉ BABOLARD, allant à lui. Eh bien!.. on n'embrasse donc pas sa femme, quand on la quitte ?

BABOLARD, à part. O raffinement de duplicité! (Haut.) C'est vrai... je ne sais où j'avais l'esprit... (Il approche sa joue de celle de sa femme et fait semblant de l'embrasser.)

Mᵐᵉ BABOLARD. Allons, bon voyage, mon ami!

BABOLARD. Merci... (A part.) Quel affreux iscariotisme ! C'est un mot nouveau... J'en avais besoin.

CLAIRE. Et moi, mon oncle, vous ne m'embrassez pas?

* Baptiste, Babolard, Claire, Mᵐᵉ Babolard.
* Claire, Babolard, Mᵐᵉ Babolard, Baptiste.

* Claire, Mᵐᵉ Babolard, Babolard, Baptiste.

BABOLARD. Toi!.. si, mon enfant... si, car toi... (Il l'embrasse, et à part.) Elle sera peut-être un jour comme l'autre... la petite malheureuse !

BAPTISTE*, s'approchant. Et moi, M. Babolard?

BABOLARD. Hein ?

BAPTISTE. Non... je dis : et moi, M. Babolard, je vous souhaite bon voyage et bonne santé...

BABOLARD. C'est bien !

TOUS, excepté Babolard.

Air: Vaudeville du bal champêtre.

Adieu donc! voici l'heure;
Il est temps de partir;
Et, dans votre demeure,
Puissiez-vous promptement revenir !

Mme BABOLARD.

N'allez pas en campagne,
Rester plus qu'il ne faut...

BABOLARD.

Non, ma douce compagne !
Je reviendrai bientôt...
(Parlé et à part.)
Et trop tôt pour ton malheur !

ENSEMBLE.

TOUS.

Adieu donc! voici l'heure, etc.

BABOLARD.

Adieu donc! voici l'heure;
Il est temps de partir;
Et dans cette demeure,
Avant peu, j'espère revenir...
(Il sort.)

SCÈNE XII.

Mme BABOLARD, CLAIRE, BAPTISTE.

Mme BABOLARD, prenant un flambeau sur la cheminée. Claire, ma bonne amie, tu vas rentrer dans ta chambre.

CLAIRE. Si tôt, ma tante ?

BAPTISTE, à part. Elle ne veut pas perdre de temps !

Mme BABOLARD , à Claire. Oui, tu sais que deux femmes seules... (Elle vient allumer son flambeau à la table.)

BAPTISTE, à part. Il paraît qu'on me prend pour zéro , moi...

Mme BABOLARD , à Claire. Va Claire. (A Bap-

*Baptiste, Babolard, Mme Babolard, Claire.

iste.) Et vous, Baptiste, vous pouvez aller vous coucher.

BAPTISTE. Oui, Madame.

(Claire sort par la droite, et Mme Babolard par le fond.)

SCÈNE XIII.

BAPTISTE, imitant Mme Babolard. « Et vous, Baptiste, vous pouvez aller vous coucher... » Pardieu ! je le crois bien ! même que , si elle avait osé, elle m'aurait joliment dit : « Allons ! ho ! Baptiste, filez ! vous me gênez... » J'appelle ça une conduite louche, moi. C'est pas l'embarras, vous me direz que lui, M. Babolard, a bien quelques petits reproches à se faire... il a la mauvaise habitude de laisser, tous les soirs, sa femme toute seule, tantôt pour s'occuper, dans son cabinet, à abîmer des tas de beau papier blanc, que ça fait de la peine..., tantôt pour rôder sur les boulevards, comme un vagabond, lui et sa canne... sa vilaine canne! dans l'espoir, à ce qu'il dit , de rencontrer le drame... C'est bête ! Une femme qui reste seule à la maison , ça s'ennuie; et, quand une fois ça se met à s'ennuyer, dame !.. dame !.. Voilà mon opinion.

(Il sort par la petite porte du fond, en emportant le flambeau. Nuit.)

SCÈNE XIV.

VERDIER, entrant à tâtons. Me voici !... Babolard, que j'ai aperçu, doit être maintenant en diligence... Mettons-nous en observation dans le petit cabinet de gauche... Ah ! vous me dédaignez, tigresse ! Eh bien ! nous verrons si, à défaut d'un autre sentiment, la crainte ne vous fera pas capituler... Diable ! mais il ne fait pas chaud... (Prêtant l'oreille.) On vient... Vite à mon poste ! Est-ce elle?.. est-ce son complice?.. Attention ! (Il entre dans le cabinet, dont il tient la porte entre-ouverte.)

SCÈNE XV.

Mme BABOLARD, THÉODORE, VERDIER,
caché.

JOUR.

Mme BABOLARD, seule, un flambeau à la main. Claire et Baptiste sont couchés... (Regardant dans l'appartement.) Personne... nous n'avons rien à craindre... (Allant à la porte du fond.) Vous pouvez entrer !

VERDIER, à part, Voilà le commencement !

THÉODORE, entrant. Que vous êtes bonne ! mais, au moins, votre mari nous laissera-t-il le temps d'être ensemble ? hier il est venu si brusquement me forcer à la retraite !

VERDIER, à part. Quel dommage !

Mᵐᵉ BABOLARD, à Théodore. Mon mari ? ne vous en inquiétez pas! il est en ce moment sur la route de Montargis.

THÉODORE. En vérité.... oh! alors nous n'avons plus à nous gêner...

(Il ôte son manteau.)

VERDIER, à part. J'appellerais cela du cynisme... si je n'avais pas si froid... il ose ôter son manteau !..

Mᵐᵉ BABOLARD, écoutant. Il me semble avoir entendu... si tout le monde n'était pas couché !.. Entrez un instant dans ce cabinet... car je crains surtout ma nièce...

VERDIER, à part. Ah! mon Dieu !

(Il disparaît.)

THÉODORE, tenant le bouton de la porte. Vient-on ?..

Mᵐᵉ BABOLARD. Non... c'est une fausse alerte. (Théodore se rapproche et Verdier reparaît.) Mais, tenez, toutes réflexions faites, passons au salon, (Elle indique sa droite.) nous y serons plus tranquilles.

THÉODORE. L'idée est excellente !

VERDIER, à part. Comment! ils vont s'en aller?

Mᵐᵉ BABOLARD. Venez !.

THÉODORE. Je vous suis.

(Ils sortent en emportant le flambeau. — Nuit.)

SCÈNE XVI.

VERDIER, sortant de son cabinet.

Les voilà partis !.. ils me laissent là, dans une complète obscurité... Femme sans mœurs ! femme perverse !.. encore, si je n'avais pas si froid !.. mais je grelotte... ils sont à leur aise, eux, là-dedans... ils ont du feu !.. tandis que moi... Ah ! mais, ah ! mais que j'ai donc froid ! (Il souffle dans ses doigts. — L'orchestre joue l'air suivant. Qu'entends-je ! et que signifie ?..

(Il regagne sa cachette.)

SCÈNE XVII.

BABOLARD, couvert de son manteau, et une lanterne sourde à la main ; VERDIER, caché.

BABOLARD.

Air du Carillon de Dunkerque.

Dans l'ombre du mystère,
Marchons vers ce repaire !..
Qui s'y fut attendu ?
Je crois que je suis ému...

VERDIER, à part.

C'est Babolard ! me voilà bien !..

BABOLARD.

Point de lâches alarmes !

(Il tire un pistolet de dessous son manteau.)

Secondez-moi, mes armes !

(A sa lanterne.)

Toi, dans ce drame noir,
Fais que je puisse y voir.

ENSEMBLE.

VERDIER, bas.

Avec tant de mystère,
Ici, que vient-il faire?
Si je l'eusse attendu,
Je ne serais pas venu !

BABOLARD.

Dans l'ombre du mystère,
Marchons vers ce repaire,
Et si je suis ému,
J'aurai le bras résolu !

VERDIER, à part. Son voyage n'était qu'une feinte !

BABOLARD, déposant sa lanterne à terre, au fond. Ils sont là ! j'en suis sûr... Lui, je l'ai vu entrer, avec la désinvolture et le manteau d'un criminel consommé... elle... la malheureuse !.. elle l'attendait avec l'inquiet frémissement de l'épouse adultère... C'est bien ! que leur sort s'accomplisse !..

VERDIER, à part. Qu'est-ce que je vais devenir, moi ?..

BABOLARD, tenant son pistolet. Approchons !.. (Il écoute à la porte.) Rien ! rien que des sons confus et inarticulés... si je pouvais les apercevoir ?...

(Il regarde.)

VERDIER, à part. Dieu me pardonne! il s'amuse à lorgner par le trou de la serrure !

BABOLARD. Oui! je vois le suborneur... son dos seulement... car, par un reste de pudeur, sans doute, il affecte de me cacher son visage... Et sa complice... cette contenance tranquille... cet air calme et enjoué... qui croirait jamais qu'elle me trompe avec la plus infernale préméditation ?.. Ignominie!.. et pourtant j'hésite encore !.. les assassiner !.. certes, je n'y manquerais pas dans une pièce ! mais cette prosaïque cour d'assises... N'importe ! je veux de l'éclat ! je veux du scandale !.. terrifions-les d'abord par le bruit d'une détonnation formidable ! nous verrons ensuite... Frémissez misérables !

(Il allonge le bras, détourne la tête et presse la détente; l'arme rate.

VERDIER, à part. Ce petit bruit sec... ah ! c'est Babolard qui se mouche.

BABOLARD. On vient... ce sont eux... qu'ils tremblent ! je vais être vengé !..

(Il saisit le second pistolet et se tient au fond de la scène. — Jour.)

SCÈNE XVIII.

BABOLARD, Mme BABOLARD, THÉODORE, VERDIER, caché.

Mme BABOLARD, un flambeau à la main, et à Théodore. Vous êtes bien certain d'avoir entendu quelque chose ?

THÉODORE. Parfaitement... quelqu'un a éternué... j'en mettrais ma main au feu !..

BABOLARD, à part. Eternuer !.. l'infâme !

Mme BABOLARD, à Théodore. Mais alors, qui donc ? tout le monde doit être couché...

BABOLARD, * se montrant. Excepté moi, Madame !

Mme BABOLARD. Que vois-je ?

BABOLARD. Un époux outragé qui vient se faire justice ! (Il montre son pistolet.)

Mme BABOLARD. Dieu ! (Elle recule.)

VERDIER, à part. Je voudrais bien être aux bureaux du *Belphégor*...

THÉODORE, à Babolard. Veuillez me permettre, Monsieur...

BABOLARD, le saisissant au collet. Pas un mot ! je sais tout... Je vous dis que je sais tout !

THÉODORE. Eh bien ! quel si grand mal ?.....

Mme BABOLARD, à son mari. De grâce ! monsieur Babolard...

BABOLARD. Arrière ! créature que je n'ose qualifier... Arrière !

THÉODORE. Monsieur, obligez-moi de me lâcher... Que voulez-vous, enfin ?

BABOLARD. Je veux vous brûler la cervelle.

THÉODORE. Vous dites !..

BABOLARD. Je dis que vous allez avoir la cervelle brûlée.

Mme BABOLARD. Malheureux ! qu'osez-vous dire ?

BABOLARD. Otez-vous de mes yeux ! ou je vous brûle pareillement !... (Il fait une démonstration contre elle.)

Mme BABOLARD. Ah ! ça, mais... c'est donc sérieux !... (Elle va se réfugier dans le cabinet, heurte Verdier et pousse un cri.) Ciel ! au secours ! au secours !... (Elle recule.)

VERDIER, bas. Chut !... chut ! ne dites rien...

Mme BABOLARD. Quelqu'un est dans ce cabinet... Voyez ! voyez !...

BABOLARD, lâchant Théodore. Quelqu'un ?.... Encore quelqu'un !... Et l'on ne portera pas

* Théodore, Babolard, Mme Babolard.

le fer et le feu dans cette nouvelle tour de Nesle !... Tête et sang !... (A la porte du cabinet.) Qui que tu sois, misérable ! montre-toi !

VERDIER, s'avançant. Pas de bêtises, Babolard ! C'est moi... c'est ton ami...

Mme BABOLARD, étonnée. Monsieur Verdier !..

BABOLARD, à Verdier. Verdier !... pourquoi ici, à pareille heure ?

VERDIER. L'amitié seule.... et le besoin de veiller sur ton honneur...

BABOLARD, avec une fureur concentrée. Ah ! l'amitié !... Ah ! mon honneur !.... Le voilà, le drame ! le voilà ! il est double, il est triple, il est multiple ! (Il les compte.) Un, deux, trois... Trois scélérats ! et personne pour les saisir, pour les garrotter !..... pas de force armée ! pas l'ombre d'un commissaire... cet accessoire obligé du drame !... C'est pour en devenir fou !....

SCÈNE XIX.

LES MÊMES, CLAIRE, suivie de BAPTISTE.

CLAIRE. Quel bruit ! Que se passe-t-il donc ? (A Babolard.) Vous ici, mon oncle ?... (Apercevant Théodore.) Ciel ! Théodore !... (Elle court à lui.)

BABOLARD, avec exaltation. Théodore !... (A Claire, en lui saisissant le bras avec force.) Tu as dit : Théodore ?... Jure !... jure ta foi de gentilhomme que tu as dit : Théodore !

CLAIRE, cherchant à se dégager. Vous me faites mal, mon oncle... Mais oui, c'est lui ! Comment se fait-il ?

THÉODORE. Vous saurez tout...

BABOLARD, à sa femme. Léocadie ! ma femme !.. un mot... un seul ! Est-ce bien Théodore ?

VERDIER, à part. Il paraît que ça lui est égal, pourvu que ce soit Théodore...

Mme BABOLARD, à son mari. Oui ; et, de ce côté, c'est M. Verdier... votre ami...

BABOLARD. Malheureux ! qu'ai-je fait ? et comment expier de telles saturnales ?... Ah ! je voudrais me rouler la face dans la poussière !

BAPTISTE, à part. Ce drôle de goût !

BABOLARD. Et dire que c'est là monsieur Théodore.

Mme BABOLARD. Oui, M. Théodore, qui vient de traiter d'une étude de notaire à Lisieux ; M. Théodore, à qui je n'ai pas même permis de voir votre nièce... car, en cela encore, je respectais vos volontés...

BABOLARD. Assez ! pitié ! pitié pour moi !.... O délicieux éclaircissement ! O soleil de la jubilation, après les ouragans du désespoir !.... Le drame ! le drame, dès ce moment, je le foule aux pieds ! Je sais bien qu'il est dur de déchoir... mais je ne ferai plus que de la comédie..... du Molière... Tant pis ! (A Théodore.) Et vous, notaire royal, embrassez votre épouse. (Il fait passer Claire près de Théodore.) Quant à moi, en signe de réjouissance... (Il veut tirer en l'air son second pistolet; il rate encore. Regardant son arme.) Je n'ai pas de bonheur avec ça.... mais, n'importe !...

CHOEUR.

Air : Les gueux, les gueux.

Goûtons, ce soir,
Le plus doux espoir ;
Et disons bonsoir
Au drame noir !

BABOLARD, au public.

Air : Dans un vieux castel de l'Andalousie.

A force d'ourdir de sanglantes trames,
Je sentais mon cœur s'ouvrir à l'effroi...
Les affreux héros semés dans mes drames,
Venaient, chaque nuit, poser devant moi !...
Et, même à présent, jusqu'en cette enceinte,
D'ennemis cachés, je crains la clameur....
Daignez me prouver, messieurs, que ma crainte
Est ce soir encore une fausse peur !

REPRISE DU CHOEUR.

Goûtons, ce soir, etc.

FIN.

PIÈCES NOUVELLES

Qui se trouvent chez le même Éditeur.

L'INGÉNUE A LA COUR, Comédie en 5 actes et en prose, par M. EMPIS, belle édition, 112 pages in-8°.   3 fr. 50 c.

LES TOURISTES, Comédie en 3 actes et en vers, par M. ERNEST SERRET, jolie édition, format anglais.   1 fr. 50 c.

GEORGES ET MAURICE, Comédie-Vaudeville en 2 actes, par MM. BAYARD et LÉON LAYA.   «   60 c.

UN HOMME GRAVE, Comédie-Vaudeville en 1 acte, par M. EMILE SOUVESTRE.

Imp. de Mme De Lacombe, rue d'Enghien, 42.

www.ingramcontent.com/pod-product-compliance
Ingram Content Group UK Ltd.
Pitfield, Milton Keynes, MK11 3LW, UK
UKHW020121100726
13658UKWH00005B/2297